お母さん、その服なんとかしよ！

毒舌ムスメのファッションチェック

あっこたん

飛鳥新社

まえがき

『お母さん、その服なんとかしよ！』、情けないタイトルだなぁ。

ムスメにそんなことを言われるなんて恥ずかしい。〝おしゃれなお母さん〟まではいかなくても、せめて〝いい感じのお母さん〟ぐらいにはなりたいな。毎日コーデを自撮りして高校生のムスメにチェックしてもらったら、少しはマシになるかも？　そんな発想で始めたのが、私のブログ『♪命短し恋せよ乙女★50代の毎日コーデ』です。

「オバサンくさい」「ダサい」「二段腹」「若作り」「痛い」の直球から、「囚人服」「カボチャすぎる」「ベイマックス」「ウシジマくん」の変化球まで、ムスメの正直すぎる感想にあぜん。

「なんでシャツの襟立てるの？」「なんでウエストインしないの？」「なんでスキニー履かないの？」といった私個人というより、私たち世代に投げかけられるムスメの疑問にカルチャーショック！

昭和ファッションを引きずって、古漬けオバサン化していたなんて……今の時代を生きるスタイルに変わりたい。そんな思いから、毎朝、悩みながらコーデを考えました。

オバサンへの言いたい放題が痛快で同世代の共感を呼んだのか、ブログは２７０万アクセスを超え、ムスメにやりこめられる私を見るに見かねて、全国からコーデの提案が続々寄せられました。

本書では毎日のコーデを夏から始めて1年と3か月分、季節ごとに紹介しています。

1年間で区切らなかったのは、前年からどれだけ私が成長していているのか、同じシーズンで確認してもらいたかったからです。毒舌ムスメがつけてくれたコメントの中には、ファッションでスタイルを良く見せるコツやオバサンなりの流行の取り入れ方など、参考になる意見もたくさんありました。

50代の今が、人生で一番おしゃれかも？　私と毒舌ムスメのバトルをのぞいてみてください。

お母さんの服をこんな基準で見ています。

こうだったのが……

ガーーンッ

❶服のせいでスタイルがくずれていました。

❷系統の違うアイテムをあわせて、違和感がありました。

オバサンくさっ!

❸昔の流行をいまだに取り入れて古臭いスタイルになっていました。

バブリー!!

❹年齢にあわない痛いスタイルになっていました。

❺平凡でつまらないスタイルになっていました。

うーん…

まったく…

ありきたり!

手抜き!

このように変わりました！

Thanks my daughter!

①スタイルがキレイに見える
デザインの服を
選べるようになりました！

HAPPY♡

②靴やバッグの
色・形・ブランドに
配慮した
統一感のある
スタイルになりました！

Change!

③ほどよく流行を
取り入れて
今の時代にあう
スタイルになりました！

Brand new!

④アイテムを
見直すことで
年相応の大人っぽい
スタイルに
なりました！

Fit!

⑤個性的で
面白味のある
スタイルに挑戦し、
おしゃれを楽しむ
工夫ができるように
なりました！

Challenge!

お母さん、おしゃれになった！

オバサン注意報！

毒舌ムスメが教える

これだけはやめて！

トイレのスリッパみたい。

長っ！

パーカーは若すぎない?

ストールはバブリーだね。

見てられないっ

オバサンって襟立てるよね。

Tシャツ、胸のラインが見えるようなやつは
オバサンの体型が丸見え……。

毒舌ムスメが教える 格上げ小技

困った時は白いもの

顔が明るくなってキレイ。

首・手首・足首は見せる

細いところは出す！ 全然、違うでしょ？

耳元にコットンパール

パールはオバサン臭いけど……、
コットンパールは可愛いよ！

トップスはイン！

ブラウジングでふんわりさせて。

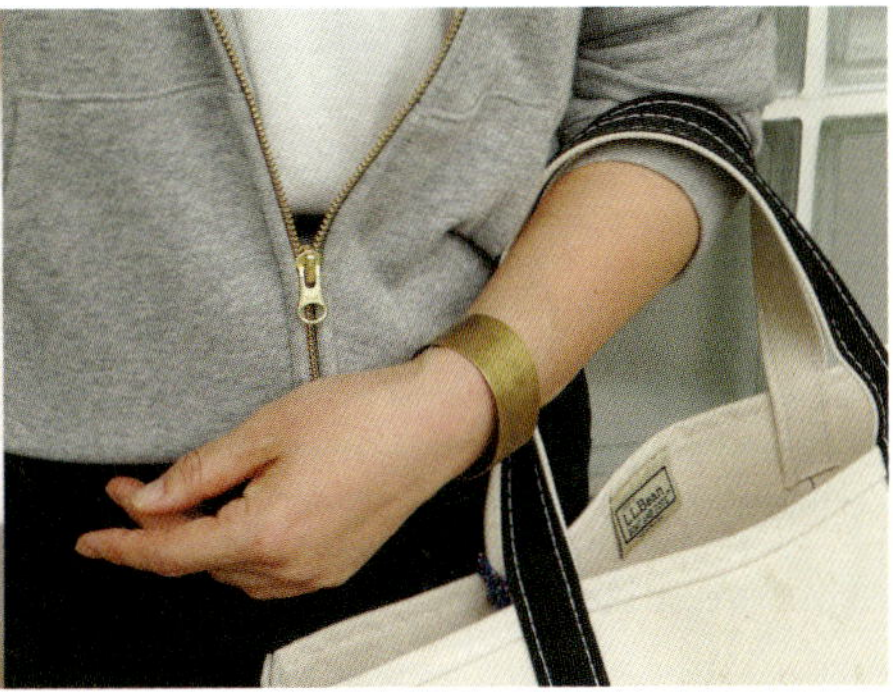

時計やバングルをワンポイントでつける

ビッグフェイスが今っぽくて可愛いよ。
シルバーよりゴールドだね。ゴールドのほうが肌の色に馴染みます。

小物はジャラジャラつけないで
シンプルにつけるのが
上品なお母さんの姿だよね

もくじ

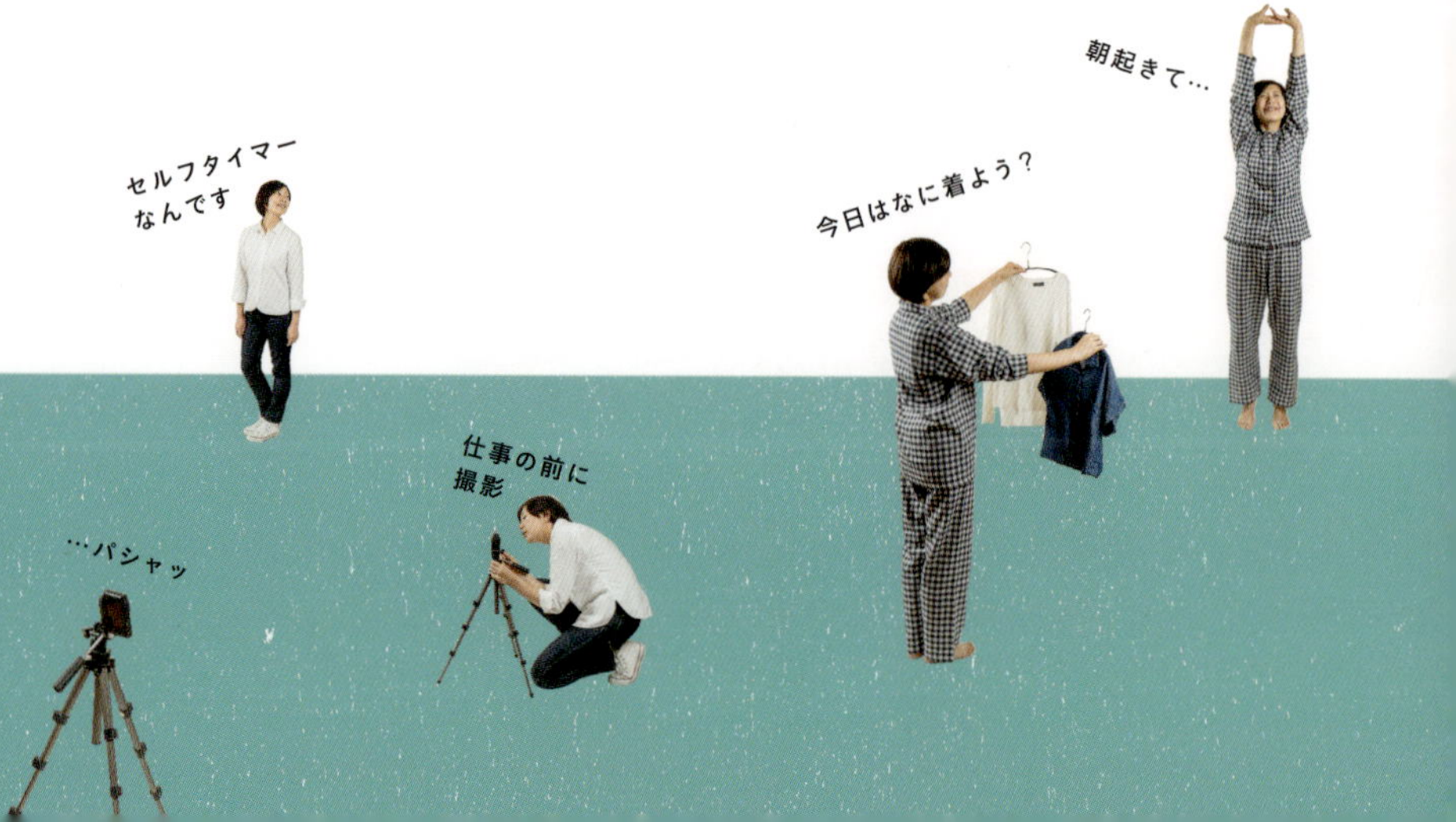

朝起きて…
今日はなに着よう？
セルフタイマーなんです
仕事の前に撮影
…パシャッ

帰宅して。
ムスメにはパソコンやメールなどで
チェックしてもらってます
よっしゃ!
いいんじゃない?
小児科で
看護師してました
変身っ!
急いで確認!

本書で紹介しているアイテムはすべて私物です。現在入手できないものもあります。

ムスメよ、これはどうだ

夏 SUMMER

＼肩にさらっと はおるわよ／

＼脱いだら…／

Day 01

カーディガンとワンピースでおでかけ

カーディガンの刺繍が
キレイなので黒でまとめて、
ノーアクセサリーで刺繍が
際立つ感じに。

ワンピース／fog linen work
カーディガン／VIVIENNE TAM
靴／CASTANER

カーディガンの柄

★☆☆☆☆

**カーディガンの柄は可愛いし、
ワンピースもカワイイけど……
あわせるとオバサンっぽい。**

えっと…

＼いきなり キビシーッ！／

あっこたんの反省会

ムスメの評価が一番正直で、参考になるので毎日、評価してもらうつもりです。初日から厳しいですね。毒舌の力を借りておしゃれになるぞ！

毒舌ムスメに★5つをもらえるまで、楽しんでコーデしていきます。

Day 02

梅干しと呼ばないで

私的イタリアマダムの「ナチュラルシック」イメージで。
二重巻ロングパールして華やかさをプラスしました。

シャツ／fog linen work　パンツ／LA FONTANA MAGGIORE
鞄／BEAMS　靴／BRUNOMAGLI　帽子／CA4LA

★☆☆☆☆
パンツのサイズあってないんじゃない？
中途ハンパな感じ。ゆるくするか、
ぴっちりするか、はっきりしてほしいわ。
ダブルバッグもなんかさえない!!

Day 03

若々しくて何が悪い！

今日は、この夏のお気に入り白スカート。
ギンガムチェックのシャツにあわせてモノトーンで
まとめてみました。

★★☆☆☆
ちょっと
若々しすぎやしないか？
微妙に痛いかもよ。
気いつけな！

\ Rescue /

シャツ／fog linen work　パンツ／LA FONTANA MAGGIORE
鞄／BEAMS　靴／BRUNOMAGLI　帽子／CA4LA

あっこたんの反省会

「痛い」だけは避けたい。乙女チックなギンガムチェックだからより大人な着こなしが求められるってことだね。

50代、気分はまだまだ若いけど、顔や体型は自分で思っている以上に劣化しているから、ファッションとのギャップが悩ましいね。

Day 04

涼しげになりたい
最強マリンの日

ブルーのマリンラインを効かせて
白ギャザースカートで最高に涼しげな人に。

シャツ／ORCIVAL　スカート／古着　靴／BENSIMON
帽子／CA4LA　鞄／L.L.Bean

★★★★☆
マリンってますね～。
このまま海行きた～い!!
夏っぽい!! 好き!!
私はこれ好きかな～。
ごめん、辛くできないよ～。
あっ仁王立ちはダメよ。
オバサンの仁王立ちは、
怖すぎでしょう!!
それにしても
腕マッチョだね！

＼買っちゃった／

Day 06

50代のビルケンデビュー

いつものスタイルに
白ビルケンで新鮮な気分。

靴／BIRKENSTOCK
帽子／CA4LA
パンツ／CITIZENS of HUMANITY
シャツ／fog linen work
鞄／Spick & Span

NEW

★★★★☆

**デニムにビルケンあうあう!!
足元、夏になった!!
すっきりしてるよ。サンダルが
これだと、すっごくおしゃれ!!**

Day 05

かごとボーダーと私

オーソドックスにいつもの
白スカートをあわせて、
バッグはバリ島の
アタバッグで夏らしく！

帽子／CA4LA　セーター／UNIQLO
鞄／バリ島アタバッグ
スカート／古着　靴／無印良品

★★★☆☆

**おっ、新しい風じゃん!!
まだ、できるじゃん!!
ボーダーをあわせたの
good!!
かご、可愛いね。
あとは、サンダル欲しいね。**

あっこたんの祝賀会

ビルケン高評価だ！ビルケンのサンダルにも色々種類があって、定番「アリゾナ」、すっきり「マヤリ」、ワンストラップの「マドリッド」、トングの「ギゼ」と迷って、おしゃれさんのコーデ写真を参考に、スタイリッシュなこのギゼにしたよ。

GIZEH

ケチケチしないで買いなさい！

Day 07

古着の個性派シャツでマンネリ脱却！

お休みで
リラックスしたかったので、
ラフな感じの
洗いざらしのリネンシャツと
ゆるいシルエットのワイドパンツを
履いてみました。

シャツ／古着　パンツ／fog linen work
鞄／須田帆布　帽子／CA4LA　靴／CASTANER

…

Before

★☆☆☆☆

え〜〜どうしたの？
これはないでしょう!!
コンサバっぽいのに、斜め掛けのバッグも変。
やっぱり夏に黒はダメ、柄も暑苦しい!!
夏でも黒着てるの、原宿のゴスロリだけだよ。

ゴスロリ!?

Noooo ooooooooo!!!!!

懲りないタイプなの

After

Day 08

セオリーパンツで危険回避！

セオリーリュクスの
定番パンツにあわせてリベンジ。

シャツ／古着　パンツ／Theory luxe
靴／BRUNOMAGLI　鞄／MARGARET HOWELL

よかった〜

★★★☆☆

このパンツとの組みあわせはいいね！ラインがキレイだよ。トップスの丈が短いから、足が長く見える。ヒールだし、足長要素、揃ってるよ。黒系に白バッグが映えていいね。全体的にまとまっていていいと思う。

あっこたんの祝賀会

セオリーリュクスのパンツの力だね。ストレッチで楽なうえに、センタープレスが入ってスッキリ足長に!! もう何年も履いています。履くだけでキレイなラインになれる優秀パンツ。黒のパンプスと迷ったけど、杢グレーのスエードパンプスにしてみました。

手持ちパンプスたち

50代にこのスタイルは
どう思う？

50代だから
着ちゃいけない服なんてないし、
似あっていれば別にいいんだよ。
自由なの!!

秋 AUTUMN

Day 09

ムスメはスキニーが好き

今日はZARAニットに
お気に入りのKAPITALね。
私の秋の大定番スタイルだよ。

パンツ／KAPITAL　鞄／MARGARET HOWELL　マフラー／RINEN
ニット／ZARA　靴／コンバース

★★★☆☆
**おっ、急に冬か？
急すぎだけど、悪くない。
全体的な色あいは好き。
上半身はすごくいいね〜。
問題は……
ズボン、ズボン、ズボーン！
もっとスッキリできないかな？
変なシワと丈が気になりますね〜。
スキニー履いてみな!!**

あっこたんの反省会

スキニーですか？ これが曲者なのよ。もちろん何度かチャレンジしているけど……。ふくらはぎのモリモリ加減が半端なくて、痛いアイテムとしてインプットされています。

キレイに見えるスキニーを探してみようかな？ まずは、ファストブランドですかね！

Challenge!

Day 10

スキニーを履いてみました

ついにスキニーパンツにも手を出しました。
大人にはお値段からして、
どうよ？って思っていたけど、
普通な感じのスタイルが好きな私には
ぴったりかも？

パンツ／GU　トレーナー／GU　靴／GU　鞄／MARGARET HOWELL

どうかしら？

★★★★☆

お〜〜〜そうね〜。
すごくスッキリするじゃん!!
めちゃ足細く見えるよ!!
トップスはふんわり、
ボトムスはすっきり、good!!
黒パンプス、いいね〜。
あっ、スキニーの裾は
ロールアップしないんじゃない？

Gooooood!!

あっこたんの祝賀会

最安コーデで、高評価!!

私「GU、いいわ！ 値段じゃないね」

ムスメ「お母さん、オールGUはどうよ？ 安っぽいオバサンにならんように気いつけな」

……ほどほどMIXにしておきますわ。

スキニーパンツ未体験のあなた、プチプラだし気軽に試してみませんか？

足が細く見えるはずよ。

シトシト

Day 11

雨の日のボーダーコーデ

私の雨の日の定番は
「日本野鳥の会」の長靴。
最高に実用的です。

パンツ／GU　コート／GU
鞄／MARGARET HOWELL
長靴／日本野鳥の会　Tシャツ／無印良品

★★★★☆

**今日みたいな雨には、
こんな格好だね。
ボーダー効いてるね。
映えていていい!!**

**ボーダーは
見えなくなるけど、
前をしめて着たのも
すっきりして可愛いよ。**

あっこたんの祝賀会

調子良くなってきた感じ。ボーダーTが良かったみたいね。

Day 12

カボチャ注意報

秋色ニットと
お気に入りのジーンズをあわせて
一気に秋仕様にチェンジ！

靴／Dr.Martens　パンツ／KAPITAL
鞄／MARGARET HOWELL
ニット／ZARA

★★☆☆☆

危険な色だよね。
黄色は注意だよ。
袖は、絶対まくるべき!!
丈もダサめ、注意して!!

あっこたんの反省会

おっと、危ない!! 黄色のニット、危険カラーだったみたい。

Day 13

白シャツにトレンドを

トレンド感のあるオフショルダーの
白シャツに大定番のKAPITALジーンズ。
オカビリーで自然体でいられるコーデ。

靴／GU　パンツ／KAPITAL　鞄／MARGARET HOWELL　シャツ／ZARA

★★★★☆

可愛いんじゃない!! キレイだよ。白〜。ジーンズもっとスリムにできないの？　って言いたいけど……失礼、これが限界なんだよね。仕方ないな〜。ちょっと夏っぽいけど、今日暑いしね。

"洗濯のCMって感じ〜

あっこたんの祝賀会

シャツって一見みんな一緒みたいだけど、毎年流行で、かなり形が変わっているよね。

シャツのデザインに旬が感じられると今のスタイルになるものね。

いつもの会話

なになに？

ちょっと……

どうしたの？

これが……

はいはい

うーん

わかった？

ありがとう！

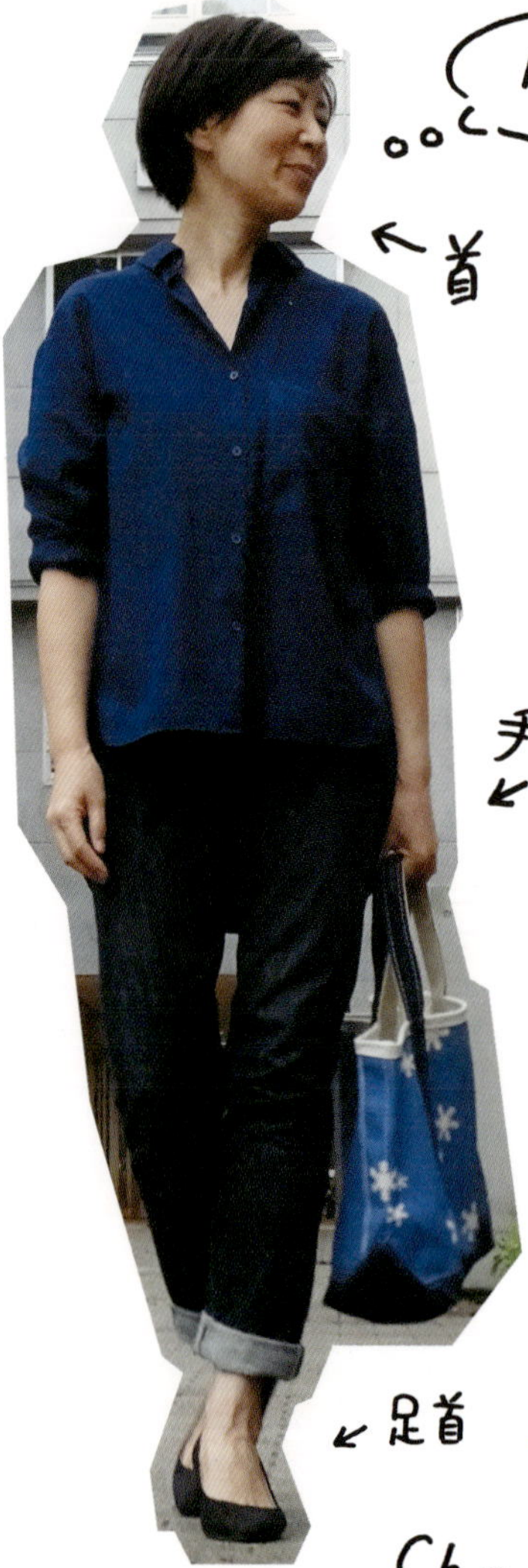

Day 14

ムスメに怒られる予感

藍色シャツにジーンズ履いただけ。
ムスメのチェックが怖いな。
シンプルすぎって言われそう……。

靴／GU　パンツ／KAPITAL　鞄／L.L.Bean　シャツ／ZARA

★★★★☆
今日は、本当にシンプルだね。
シンプルすぎて、なんも言えね～。
ラインは、キレイではあるよ。

オバサンって足首キレイじゃん。
チャームポイントだから、
出したほうがいいよ。

Charm Point よ

あっこたんの祝賀会

首、手首、足首の３大首がオバサンの３大チャームポイントよん。
　あなたも忘れずに出していこうね。

Day 15

秋めくトキメキ

毎年買っているZARAのニット、首元の開きが上品で好きです。薄いニットなので、秋口に◎

ニット／ZARA　スカート／fog linen work
バッグ／ MARGARET HOWELL　スニーカー／コンバース　帽子／CA4LA

★★☆☆☆

アハハ、アハハハ〜？
変なの〜なに？ これ？
ちょっと暗くない？
地味すぎる!!
秋とおり越して、
枯れちゃってるよ。
いくらなんでも黄昏すぎ!!
白バッグとスニーカーは
いいんじゃないですか。

あっこたんの反省会

私「ストールでパッとなんてどうよ？」
ムスメ「オバサン臭い！巻き物はダメだよ！」
私「みんな巻いてるじゃん」
ムスメ「オバサンはね。オバサンしか巻いてないでしょう」
私「……そうかも？」
ムスメ「今ならやめられる！」

さらっと はおって

Day 16

青の色味がお気に入り

お気に入りのRINENのコートに
リネンTのお散歩コーデ。

シャツ／fog linen work　パンツ／GU　鞄／MARGARET HOWELL
コート／RINEN　靴／無印良品

I love Blue

I love "RINEN"

折り返しも Cute♡

スッキリ！

I like this!

★★★☆☆

このコート好き!! すごい好きだ!!
色いいよ。青が映えてる!!
スキニーで細いラインキレイだね。
好みのコーデだよ。
インのリネンTはどうかな？
丈も素材も微妙～。
今の時期、麻はどうよ？
全体的にはいいんじゃねえの。

いいねっ!

あっこたんの反省会

RINENのコンセプトは「シンプルで懐かしい服を作っています」。

レトロな気配を探して散歩する私にピッタリです。肩の力が抜けた温かい服を作っています！

私たち50代でも、着やすいよ。

群言堂のスカート、どう？

柿色、橙色、蜂蜜色
日本の色の夕焼け色のスカート
とっても可愛いけど
「私なら絶対着ない！ 難易度高いよ」
「あきらめな」って
ムスメに言われ続けていたアイテムです

これはgoodです。白でまとめて可愛いよ！

群言堂のスカート、どう？

一段腹、二段腹、三段腹みたいになってるぅ〜。

太って見える。気いつけな！

そんなに
太ってないよー

とと姉ちゃん的女学生な雰囲気!!
スニーカーのトーンもあわせて
いい感じ。

ベイマックス…
モッサリ…

Day 17

ルメールの白セーターが素敵な日

ルメールセーターにボーイフレンドデニムとブーツをあわせてボーイッシュに。

パンツ／CITIZENS of HUMANITY　靴／Clarks　鞄／MARGARET HOWELL
マフラー／RINEN　セーター／UNIQLO AND LEMAIRE

★★☆☆☆

このセーター、袖をまくっていれば大丈夫だけど……まくらないと、ベイマックスになっちゃうよ。いっぱい着てないのに着ぶくれ感ありあり、要注意!!

行ってきま〜す

あっこたんの反省会

このセーター、今日はムスメが着て、遊びに出かけて行ったのよ。悔しいけど……めちゃ可愛いの!! 細ければ、素敵なセーターなんだけどね〜、白いセーターは当分おあずけにすることに……反省。

ベイマックスだ…

ワタシハ…

Day **18**

ほっこりオトナ女子

評判のいいオーシバルニットに
fogのリネンスカートでオトナ女子。

アクセサリー／fog linen work　スカート／fog linen work
鞄／MARGARET HOWELL　セーター／ORCIVAL　靴／ヴィンテージ

ひとやすみ〜

★★★★☆

今日は細い!!
お母さんにハマッていて、
キレイだね。
でも、なんだろう？
ブーツとタイツ、嫌だね。
重くて、たくましすぎ!!
靴下のほうが、可愛いかもよ。

歯医者さん
行くだけだから…

Day 19

カジュアルに
歯医者さんへ行く日

GUロングカーディガンに
ロゴトレーナーで歯医者さんへ。

カーディガン／GU　パンツ／KAPITAL　鞄／MARGARET HOWELL
トレーナー／OLD NAVY　靴／無印良品

ブーーッ!!

NG!

★★★☆☆

**ロゴトレーナーはブー！
このジーンズ、太いな〜。
ほら見てよ。
スキニーの時のほうが
足が長く見えるでしょう。
今日のは、短い大根に
なってるんだよ。
なんでスキニーにしないのかな〜？**

うーん、
スキニーかぁ…

あっこたんの反省会

わ～、キビシイな～～。スキニー履いている日の写真と比べながらガッツリ、説教入りましたよ。確かにスキニーのほうが足が長く見えたよ。けどけど……スキニーのパツパツ感がちょい苦手。

　私たちの世代、ジーンズはストレートやブーツカットがメインだったでしょう。昔の習慣で止まったままのファッションになっているのかな？

　時代に取り残されて、ひとりぼっちも嫌だけど、時代に流されて自分を見失うのも嫌よね。うまいことバランスよくおしゃれを楽しめるといいね。

スキニーね！

Day 20

初！ プチプラスキニーに挑戦

ムスメの意見を素直に取り入れてスキニーいきますか？
スエット990円、スキニー1490円の
安すぎプチプラMIXコーデよ。

鞄／MARGARET HOWELL　マフラー／RINEN　パンツ／UNIQLO
コート／UNIQLO AND LEMAIRE　ニット／ZARA　靴／ヴィンテージ

Nice boots!

★★★★☆

白コーデいい感じ!!
マフラーしまって、カッコイイ!!
やっぱりスキニーはいいよ!!
いいよ!! いいよ!! いいよ!!
細いスキニーにちょっとごつめの
ブーツがカッコイイね。
バッグは白じゃなくても
良かったかな？

あっこたんの祝賀会

よっしゃ〜、なにも「いいよ！」って4回も言わなくても……。

スキニーを履くときのポイントは、絶対にお尻が隠れるトップスにすることかな？　オバサンの美しくないお尻なんか見せてしまって、「なんか見たくないもの見ちゃったな」なんて思われないように、周囲への配慮を怠らないのが大人ってもんよね。

気をつけて履けば、足が細く長くなるスキニーパンツ。スキニー未体験のあなた、試してみてくださいな。

Petit Price

小話

しましまセーターの仁義なき戦い

出会いは代官山の古着屋さん、可愛い色に一目ぼれ。でも着るのは難しかった。仕方ないので、「メルカリ」に出したけど、いいねはゼロ！ フリマに出しても反応ゼロ！ 友達もみんないらないって！ え〜〜ん、ごめんよ。かわいそうだけど、ポイしちゃった。

問題のしましまセーター

あっ、これ着たかぁ〜〜〜〜。

このしましま、アウト〜。

私なら絶対着ない。

これは捨てな。毛玉だらけだし〜。

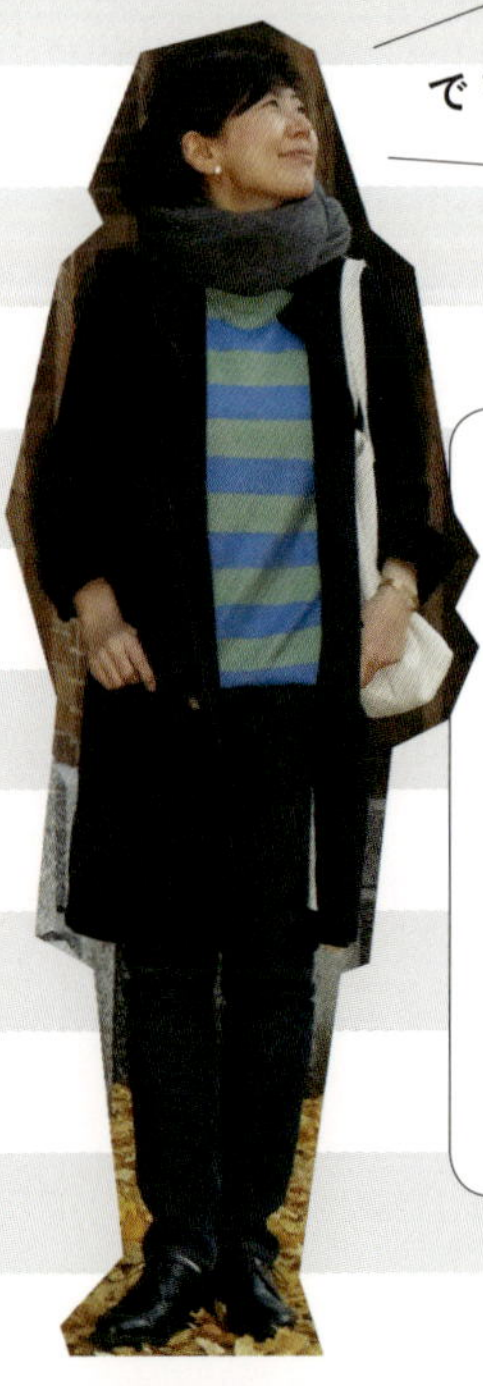

でも……

このしましま

捨てなって言ったよね。

これ着ていい評価はないよ。覚悟しな。

行き詰まるとこれ着るね〜。

デジャヴ、デジャヴ、デジャヴ〜。

いつもの格好に変なセーター着てるだけ。

あとさ〜、頭に落ち葉ついてるよ。

さようなら、しましまちゃん……

Day 21

転んでダメージジーンズに

丸襟の白シャツとダメージデニムで
女子＆男子のハーフ＆ハーフコーデ。

コート／KAPITAL　セーター／TSE　パンツ／KAPITAL
鞄／MARGARET HOWELL　靴／Paraboot

★★★☆☆
全体的なバランスは好きかな？
丸襟シャツの、
まじめっ子ちゃんにならないように、
腕まくりをして、ジーンズを
ダメージありにしたのはエライ!!
どこまで着くずせるかの勝負だね。

どしたの？

ーイタタタタタ……ー

あっこたんの反省会

帽子がね。風で飛ばされて、追いかけながら2回も転んだのよ。帽子は交差点の真ん中に止まって、「いや〜ん、車に潰される〜」、信号が変わるのをハラハラ待って無事回収。

血だらけの膝で必死に帽子を追いかけるオバサン……滑稽だ。

私の一番お高いジーンズがダメージになりました。

お気に入りよ〜

Day 22

刺し子のマフラーに
アートを感じて

fogのリネンコート＆刺し子マフラーで、
ナチュラル＆手仕事アート感をプラスして美術館に行く予定！

コート／fog linen work　マフラー／KAPITAL　鞄／MARGARET HOWELL
シャツ／MHL.　パンツ／ZARA　靴／無印良品

★★★★☆
このワイドパンツ可愛いわ。
ラインがストンと落ちているからキレイ。
ダボダボなのに不思議と細く見えるよ。
全体的にナチュラルにまとまっているのが
いいと思う。ナチュラル、グッド!!

ちょっとおでかけ…

Day 23

スエットパンツはゴミ出しまで

ルメールショートコートにスエットパンツの休日スタイル。

パンツ／GALERIE VIE　鞄／MARGARET HOWELL　コート／UNIQLO AND LEMAIRE
ブラウス／UNIQLO AND LEMAIRE　靴／ヴィンテージ

★★☆☆☆
あら、やっちゃったね。変だわ。
ダメだよ。パジャマで外に出たら〜
リラックスとおり越してる!!

STOP!!

Before

Day 24

普段着格上げ作戦！

大人のパーカーでシルエットもスッキリ女らしい感じ。

パーカー／DRESSTERIOR　鞄／MARGARET HOWELL
ロンＴ／ZARA　パンツ／ZARA　靴／ヴィンテージ

★★☆☆☆

**お～上等パーカーだね。
う～ん、
ボーダーとパーカーの
王道チョイス気に入らない。**

ありきたり感ありありオバサンコーデだ。
腕まくり忘れてるよ！ えっ、きつい？
しょうもないな～。
どこかにポイント欲しいね。
首、耳、腕のどこかにポイントだよ。
あと靴はスニーカーでしょう!!
足首見せたほうが
抜け感が出ていいんじゃない？

う～ん…

あっこたんの反省会

きびしいな～、オバサンぽいってよ。確かに地味ではある。

今日はコーデについてゆっくり親子で話しあったのよ。ムスメとおしゃれについて語りあうのってとっても楽しいわ。

遠慮がないから思ったまんまの意見でホントに参考になるしね。

具体的にどう改善するか、考えてくれたのよ。助かるわ～、頼りになるよ。

After

Day 25

通勤帰りに学園祭で学生気分なスタイル

夕方から駒場祭に行ってきて若いパワーをもらえたよ。いいな〜、若いって羨ましいね。

パーカー／DRESSTERIOR　鞄／L.L.Bean
シャツ／ORCIVAL　パンツ／ZARA　靴／コンバース

But…

★★★☆☆

パーカーが……好きになれんな。

リベンジならず…

ガーン!

あっこたんの反省会

え〜! そんだけええ?

私「ねえねえ、どういうこと?」

ムスメ「お母さんのイメージにパーカーあわんよ」

私「だってさ、学祭だから、女子学生気分なわけよ」

ムスメ「つまり、若作りってことよね」

これって若作り?

いや〜大丈夫でしょう!! パーカーはいくつになってもOKよね。

上品なおばあちゃんが質の良いパーカーを着ていたらとっても素敵だもの。

めげずにまた着るもんね〜だ。

ちょっと
アンニュイな
気分…

Day 26

深煎り珈琲豆の色を
ちりばめて
楽しむ小物たち

小物もこだわりました。

鞄／ateliers PENELOPE　靴／Clarks
アクセサリー／fog linen work
コート／fog linen work
ニット／GALERIE VIE
パンツ／LA FONTANA MAGGIORE

おともはこれ！

★★★★☆

**コートに白系は面白いね。
チャレンジャーだ。
落ち着いた品のある
カッコイイコーデだと思うよ。
これが大人の魅力ってもんだろう！　って感じ。**

オットナ〜！

いいんじゃない？

あっこたんの祝賀会

お〜、オバサンっぽいって言われるかなって心配していたけれど、大人の魅力だなんて……。嬉しいこと言ってくれるよ。

Day 27

ORCIVALのニットに挑戦

質感がお気に入りの
買ったばかりのニット。

コート／fog linen work
ニット／ORCIVAL
パンツ／Theory luxe
靴／Odette e Odile
鞄／MARGARET HOWELL

Day 28

上質なORCIVALの魅力を出す

白い靴でリベンジ。

ニット／ORCIVAL
パンツ／ZARA
靴／無印良品
アクセサリー／fog linen work
鞄／MARGARET HOWELL

★★★★☆
**前よりずっといいよ。
白い靴も軽やかで
グッド!!
全体的にゆるくて
「目に優しいコーデ」。
優しい人に見えるよ。**

★★★☆☆
**なんか変だね〜。
色あわせないほうがいいかも。
バレエシューズは
ダメじゃない？
白い靴がいいと思うよ。**

今、ちゃちゃっと
チェックしてよ。
朝にはブログに載せたいんだから。

そんな簡単にできないよ。
私なりに真面目に考えて書いているんだから。
ちゃんと考えさせて！
明日までに考えるから！

はやく〜！
待ってよ…
冬
WINTER

Day 29

普通が一番

朝、急ピッチで着替えてコーデ撮って、
ちゃちゃっとブログに載せるまでトータル30分。

パンツ／CITIZENS of HUMANITY　靴／Clarks
鞄／MARGARET HOWELL　シャツ／MHL.　コート／MHL.

＼気張らずにっ／

★★★★☆

このコート優秀!!
マフラーと靴の色あってるね。
ボーイフレンドデニムも正解。
ちょっとだけ色薄いかな？
でも濃いと重いから、
方向性はいいと思う。
白シャツも爽やかでグッド!!

Boy friend DENIM

あっこたんの祝賀会

今日のコーデは、昨日、通勤帰りに見た男子のコーデを真似っこしてみたのよ。ネイビーのコートに白シャツにジーンズにマフラー。なんてことない組みあわせだけど、都会の雑踏の中で目を惹くコーデだったよ。
ポイントは白シャツかな？　冬もどこかに白シャツお忘れなく!!

Day 30

タンスのこやしは まだいけるか

このパンツ……マズいわ……。着替えて、
撮り直したいけれど時すでに遅し……。

鞄／MARGARET HOWELL　コート／MHL.　セーター／ORCIVAL
靴／Paraboot　パンツ／レリアン

★☆☆☆☆

**上半身は可愛いのに
下半身がっかりだよ。
パンツの太さが中途半端だし
丈が長すぎだよ。
子供がお父さんのパンツを
履いちゃったみたい。
せっかく靴がカッコイイのに
靴見せなきゃだめでしょう!!
ざんね〜〜〜ん。**

あっこたんの反省会

このパンツ、ずいぶん昔に買ったものです。これは気分が下がるね。断捨離だ！　タンスの奥の洋服を着て写真撮るといいかもね。相当減らせるかも？
着るものがなくなっちゃうかな。

Day 31

パールピアスから
始める冬の白作戦

パールピアスがマイブームです。
今日は青系コーデにいつもの白バッグに
白パンツ仕上げにパールピアスね。
冬の白ちりばめ作戦だよ。

アクセサリー／fog linen work　マフラー／KAPITAL
コート／KAPITAL　鞄／MARGARET HOWELL
パンツ／UNIQLO　シャツ／ZARA　靴／ヴィンテージ

★★☆☆☆

このマフラー
なんだか苦手。
上半身、青すぎないか？
クッキーモンスター
みたいだよ。
マフラー、白が
良かったんじゃない？

あっこたんの反省会

マフラー、NGだってさ……。ショ〜ック……。お気に入りなのに……確かに高校生がする感じじゃないね。

大人のマフラーだもん。大人になったら良さがわかるはずよ。

Day **32**

雨の日の主役は赤い傘

雨の日は何着ても
赤い傘でおしゃれに見えるから助かっちゃう。
キレイな色の傘で雨の日も晴れやかな気分で行こうね。

ニット／GAP　パンツ／GU
鞄／MARGARET HOWELL
コート／MHL.　靴／ヴィンテージ

★★★☆☆
**すべては傘で
成り立ってるね。
傘がなかったら、
ホントに地味だね〜。
ずっと傘持ってな!!
スキニーで細く見える!!
マフラー、グレーだったら
もっと赤い傘が
引き立つのにな〜。**

Day 33

コートのボタンをしめて一丁あがり

＼いい季節ねえ／

もう疲れたから今日はコーデ考えたくないや!!
って時あるよね。今日はそんな感じ……。
まっいっか!!

靴／Clarks　パンツ／LA FONTANA MAGGIORE
鞄／MARGARET HOWELL　コート／MHL.

★★☆☆☆

地味～モ～地味～
とにかく地味!!

このコート閉めると良くないね。
マフラーは明るい色じゃない？
白だったら良かったかもよ。
パンツ、スキニーかと思いきや……
パツパツってこと？ 太っ……

あっこたんの反省会

母「あのさ～、今日は手抜きがテーマなんだけど……」
ムスメ「手抜きはいけません（ピシャリ）」
母「インに何着るか考えるの面倒だったんだよ」
ムスメ「いつもインだって適当ジャン」
　あっ……すみませんね。手抜きはよろしくないですね。ハイ、反省……しました。

Day 34

50代の
パーカーリベンジ！

50代のパーカーは若作りなの？
よっしゃ〜人生、挑戦あるのみよ！

パーカー／BEAMS　パンツ／KAPITAL
コート／KAPITAL　鞄／MARGARET HOWELL
靴／コンバース

★★★☆☆

おやおや〜
またパーカー着ちゃった？
カジュアルすぎる!!
若作りじゃない？
シンプルなパーカーで
パーカーのセレクトは
悪くないけど、
お母さんにこういうの
似あわない気がするんだよ。
アメカジは
違うんじゃない？
パーカーはお家で着てね。

AME CAJI??

あっこたんの反省会

母「それでも★3なのね」
ムスメ「まあ、普通に歩けるレベルだからね」

つまり……誰にも会わないように願いながら、近所のコンビニに行くぐらいのレベルってことだよ。

ただし、ムスメが言うには私の雰囲気にあわないだけで、50代だからパーカーはダメって意味じゃないそうです。あなたの雰囲気がパーカーにマッチしていればOKってことだね。

若々しい感じで似あうと素敵だから諦めないでね。

Day 35

風の強い日は高密度コットンRINENのコートで

何度も見たようなワンパターンコーデ。
インのセーター、違う色も色々あわせてみたんだけど……
やっぱり白が一番なんだな。
マイスタイルが確立した証だから
毎日一緒でいいんだよね！

靴／Clarks　パンツ／KAPITAL
鞄／MARGARET HOWELL　コート／RINEN　ストール／RINEN

★★☆☆☆

ダダダッーーーダッサ～イ!!

グレーのマフラーが万能じゃない？
なんだろうね。なんかダサイ!!
スパイス効かせんといかんよ。
後ろのイチョウは超キレイだけどね。頑張れ!!

あっこたんの反省会

ぎょぎょぎょ～～～!!参った、降参ですよ。嫌な予感がしたんだよ。ブルーのコートに同色系のブルーが入ったマフラーなんかダサかったか？

はなから★5つ狙う気ないよねってコーデだったわ。これじゃイカンね。明日は何着ようかな？　★5つ狙うコーデって意識を高めて臨みますかね。

Day 36

新しい風はそよ風で

ムスメは新しい風を吹かせろって怒ってるってよ。
あっと驚く突風は無理だからそよ風みたいに
微妙に変化をつける風を吹かせてみますかね。

コート／KAPITAL　パンツ／LA FONTANA MAGGIORE
鞄／MARGARET HOWELL　シャツ／MHL.　靴／ヴィンテージ

★★★★☆
お〜お〜ちょっと頑張ったじゃない？
シャツにしたら雰囲気いいでしょう!!
ほらほら〜イメチェンになってるよ。
このシャツ可愛いね。ボタン全部留めてるの新鮮!!
案外パンツもあってる。
落ち着いていて大人な感じがするよ。
手首にチラッと白見えてるのカワ(・∀・)イイ!!

Day 37

シャツを出して今っぽく

セーターからシャツを出してみたよ。

シャツ／BALANCE＋HARMONY　パンツ／KAPITAL　鞄／MARGARET HOWELL
コート／RINEN　セーター／UNIQLO　靴／無印良品

★★★☆☆
お〜青いな〜青すぎね〜か？
ジーンズとニットの色かぶりすぎ!!
コートかシャツを白にして、白を増量すべし。
あと、下からシャツ出すのダサイよ。やめなさい!!
でもアドバイス通りやってくれたから努力賞で★3

Day 38

ムスメの真似っこ冬コーデ

今日はね、ムスメが私の服を使ってよくしているコーデを、そっくりそのまま真似してみたんだ！ イッヒッヒ～どうだ。ムスメよ参ったか。

★★★☆☆

あれ、私のコーデじゃんかよ。

ムスメのコーデをそっくり真似するのは、
卑怯でしょう!! でも、悪くないよ。
さすが！ 私!!
私ならインのセーターは白にするな。
この靴下もいまいちだよ。
くしゅくしゅの靴下にすると可愛いかな？
まあまあだけど、華がないから★3。

コート／KAPITAL　鞄／MARGARET HOWELL
セーター／UNIQLO　パンツ／ZARA　靴／ヴィンテージ

Day 39

ムスメとお揃いの ブラックウォッチパンツコーデ

プチプラなのに生地もしっかりしていて
ストレッチが程よく楽です。
私はLサイズ、ムスメはMサイズ。親子でお揃いだよ。

靴／Clarks　コート／KAPITAL　鞄／MARGARET HOWELL
パンツ／soulberry　セーター／UNIQLO

★★★★☆

私が薦めたブラックウォッチパンツがポイント高いよね。シンプルなのに**柄パンだとジーンズよりおしゃれな感じ!!**マフラーもケーブル編みの素朴な感じが面白いよ。上品で落ち着いているのに面白味のあるコーデ、グッドです。

Lサイズ

＼実はお揃い。／

Black Watch Tartan

Mサイズ

＼こう？／

＼こうして…／

Day 40

バブル時代の
スカーフ巻いて美術館へ

ちょっとだけアートを意識したいな〜。
スカーフ巻いてみる？

靴／Clarks　コート／fog linen work　パンツ／LA FONTANA MAGGIORE
鞄／MARGARET HOWELL　シャツ／MHL.　スカーフ／Salvatore Ferragamo

STOP!!

★★★☆☆

スカーフはあかん!!

**ごちそう食べてるおじさんの
ナフキンみたいだし……
時代にマッチしてないよ。時代遅れ〜。
スカーフは新しい風ではないですね。
スヌード買ってみたら？**

巻き方!

STOP!!!

あっこたんの反省会

オヨヨ〜、時代遅れだってよ。確かにバブルの名残りだからね。高かったのにな〜。
なるほど〜、スヌードね。首にかけるだけだから巻きかたで悩まなくていいかも？　試してみま〜す。

Day 41

お正月は札幌へ 里帰りに赤チェック

あけましておめでとうございます。
今年もおしゃれを楽しんでいきます。

コート/KAPITAL　鞄/MARGARET HOWELL
靴/SOREL　セーター/UNIQLO　スカート/ZARA

★★☆☆☆

足やばすぎ!! チョー絶、太っ!! シシャモ食べすぎ!! 卵パンパン。この丈はダメ!! 絶対ダメだよ!! 赤スカートの色あいは可愛いし雪景色にあってはいるけど……。

あっこたんの反省会

ゲゲッ、新年早々、さんざんな言われようだな。お見苦しいコーデで申し訳ない!! スカート丈がちょうど、ふくらはぎのトップだね。反省点多し……ごめんなさ〜い。もうしませ〜ん。

Day 42

GUスキニーのお正月

新春第2弾はプチプラだよ。
GUのスキニーとブーツで若々しい気分。

コート／GALERIE VIE　パンツ／GU　鞄／MARGARET HOWELL
マフラー／RINEN　靴／SOREL　セーター／UNIQLO

★★★☆☆

**いつもと同じだな〜。
安心感はあるよ。
スキニージーンズに
ブーツはカワイイけど、
太く見えるよね。
シェイプアップ、
頑張りな!! 早くやせてね。
やせろ〜!!**

銀座のアップルストアへ！

Day 43

銀座の真ん中
ガウチョパンツで
Macデビューの日

今日は、しっかりシャツの白を
効かせたよ。
銀座はライトグレーコートに
ガウチョパンツの人が多かったです。

コート／GALERIE VIE　鞄／MARGARET HOWELL
靴／SOREL　パンツ／SOZAI　シャツ／ZARA

★★★★☆
なるほど〜
いつもと違う感じあるよ。
白シャツポイントだね。
ガウチョに
このブーツあってるよ。
色もあってるし、
シンプルで好きだよ。
いいと思う!!

あっこたんの祝賀会

ずっとWindows一筋だったんだけど……年末にパソコンが壊れてついにMacを買っちゃったのよ。スマートなデザインに惚れ込んで絶対これ！って決めっちゃった。りんごマークを光らせてニンマリ、そこまでは良かった。使いかたがさっぱり、わから〜ん。画面をスクロールすることさえもできないんだよ。パソコンを買った猿状態。Macがいくら優秀なパソコンでも猿には使えないからね。

　そこで、銀座のアップルストアのワークショップに！　ちょっぴり動かせるようになったよ。「キーーーッ、早く人間になりたい！」って、そんなわけで今日はMacカラー気分だよ。グレーでまとめてみたね。

　銀座の真ん中で、スゴイ人の中、ついに三脚立てちゃった。

もこもこ
ざっくり
ほっこり

いつものジーンズに色や柄や風合いを楽しめる私だけのセーターをプラスしてみると楽しいもんだね。

えっ、檀れい？

旦那のお気に入りのセーター着ちまうか？内緒ね。出張行ってるからバレないわ!! 狙いは男物のセーターをざっくり着てほっこりな感じ。「金麦の檀れい」的イメージだったんだけど……またどっしりしちゃったわ。

ニットの可愛さがヤバイ！

古着屋さんで見つけた1800円のほっこりセーター、冬らしくていいんじゃない？

北欧みたいだよ！

北欧行ったことないけど……。ん〜〜可愛い!!

私も真似したい感じ

真似っこしたい!! なんて可愛いこと言ってくれるじゃないの。

不遇のドミンゴスカート

ムスメに、
「足、太っ」だの
「モザイク!! モザイク!!」だの
ひどい言われようの不遇なスカートです。

かわいそうな
ドミンゴスカート…

およよ…

スカートに罪はない!!

あし……ふとっ!!!!!!
ひどいわ。ビックリだよ。
お母さん、タイツやばいわ。
スカートに罪はない!!
お母さんの足が太いのが悪い……!!!!

ひえ〜〜〜、スカート可愛いのに足太すぎで履けないなんて……しょんぼり泣くわ。

出していいのは足首だけ

モザイク!! モザイク!!
ふくらはぎ、隠しとけって!!
何着てるかなんて問題じゃないよ。
オバサンの足首はキレイなんだからさ!!
出していいのは足首だけだよ。

仕方ない、太いのは確かだ!! 恥を知って隠しますか? どんなロングスカートが似あうのかな? また研究ですな。

ついに出したか?その足を!

ゾクゾクするね〜ドキッとするよ。
生足っぽいのが、怖いわ!!
スニーカー足太く見えない?
ボタンにあわせて
茶系のパンプスなんてどうかな?
全体的な色あいは、スゴく好き!!
グリーンが春らしい!!
まあ、今までのスカートの中では
一番マシだよ。努力賞だな。

あらら〜〜〜〜〜。皆さん、ゾクゾクしちゃった? ごめんなさいね。春の陽気でやられちゃったオバサン?

Day 44

生成りセーターに
ネイティブアメリカンな
マフラーの休日

専属カメラマンのムスメとふたりで、
頑張って撮ったんだけど、撮っても撮っても……イマイチ。
理由は「足が太すぎる！」

鞄／ateliers PENELOPE　パンツ／KAPITAL
マフラー／PENDLETON　コート／RINEN　靴／コンバース

★★★☆☆

マフラー可愛いネ。
色も柄もいい感じだよ。
お母さんらしいな。
シンプルだし、いいもん着てる感も
あるけど、ちょい地味だよね。
ガウチョにしたらどうかな。
ガウチョの時の足なんて、
そんなに見るもんじゃないから
太くても大丈夫だよ。
可愛い靴と靴下にしたら
そこしか見ないもんだからさ。

とうとうムスメが高校卒業。
感慨深いです。

ムスメへ――

「何になればいいかわからない」

１年生の頃、言っていたね。

「写真を学びたい」

心が定まったら、まっすぐ泳いでいったね。

知識も経験もないのに、写真の海に飛び込む向こう見ず。

でも臆病がって、いつになっても泳がないより、ずっといい。

写真を学べる大学を目指して、
自分で予備校を探し、勉強を始めたね。そして、合格。

真っ直ぐな行動力に驚いたよ。
写真のコンテストに応募して賞をもらったし、展示会の企画もした。
好きな写真家さんを訪ねるひとり旅もした。
いつのまにか面白いことを見つけて、
自分の力で育てていけるようになったムスメよ。
夢中になってどこか遠くに行ってしまいそうで
少し寂しいけど、
走り出したあなたを応援したい。
背中を押して行きたい。そう思っています。

卒業おめでとう。

ありがとう！

春 SPRING

カンケンリュックは若さの特権！

Day 45

ノルディック柄セーターに カンケンリュックの休日

流行りのカンケンリュックに挑戦しました。

鞄／FJALL RAVEN　パンツ／KAPITAL　靴／Paraboot
シャツ／UNIQLO　セーター／ノーネーム

大人なリュックを探したいな

★★★☆☆

**カンケンリュック、
同じクラスの子使っているよ。**

Why!?

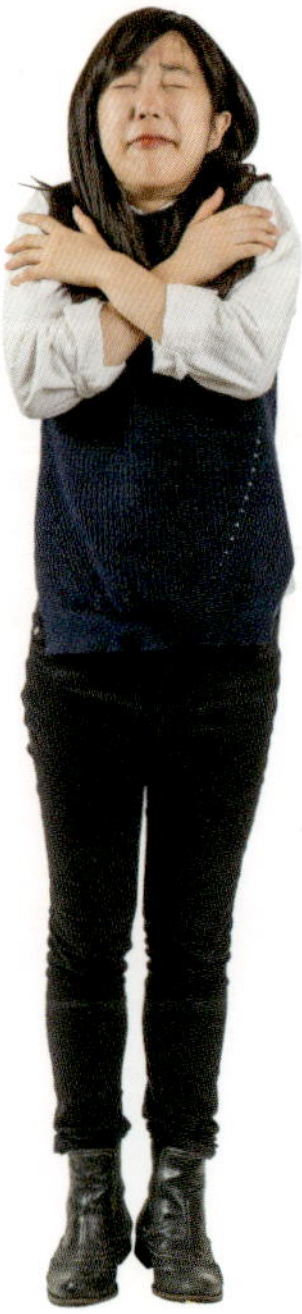

Day 46

大人のリュックを探しに 古着屋巡りin下北沢

今日の目的は大人のリュック探し。

ニット／Arnold Palmer　鞄／FJALL RAVEN　コート／GU
パンツ／soulberry　靴／コンバース

カンケンリュック

★★☆☆☆

**暗いな〜華やかさがない!! さえないわ。
このモッズコートお母さんには難しいよ。
セーターのロゴ「FLORIDA」はどうよ？
文字ニットはやめなさい。**

“東京”って書いてあるセーター着るかい？

Day 47

大人のリュック見つけたよ

スウェーデン発のバッグブランド「エンター」のリュックです。

鞄／Enter　アクセサリー／fog linen work
パンツ／Theory　コート／UNIQLO　セーター／UNIQLO　靴／コンバース

Simple & Sporty

★★★★

**シンプル＆
スポーティーで
いいんじゃない!!
シンプル大事よ。
コンバースに
リュックが軽快で
春が来た感じだ。
パンツのラインもキレイ!!
リュックは黒がカッコイイね。
これは大人なリュックだよ。**

あっこたんの祝賀会

ムスメに「痛い！」って言われたカンケンリュックはムスメがちゃっかり使っています。ずっと欲しかったリュックが見つかって良かったわ。通勤にお散歩に旅行にリュックでアクティブにいくぞ〜!! リュック&スニーカーで両手をあけてお出かけしましょう！

WEAR'S
Coordinate

Day 48

ファッションコーデサイト『WEAR』のイケメン君の真似っこしてみたよ

仕事帰りにイセタンメンズでこのボーダー靴下をゲット!!
挑戦してみたかったニットベストはユニクロ。

パンツ／ALL ORDINARIES　鞄／MARGARET HOWELL
靴／Paraboot　シャツ／UNIQLO　ベスト／UNIQLO　ジャケット／ZOOTIE

Congratulations!!

★★★★★

**いつもとぜんぜん違って、
面白い!!
今日のいいじゃん。可愛いよ。
靴下のボーダーが効いてる。
靴下と靴の相性が抜群にいいわ。
靴下だけで、
こんなに新鮮になるんだね。**

＼やったーっ!!!／

あっこたんの祝賀会

私「お〜〜〜、いいの？」
ムスメ「やめようかな？甘いかな？」
私「いいよ。いいよ。今日はしっかり準備してコーデしたからね」
ムスメ「えっ、今までのはなんだったのよ」
私「あっ……朝のひらめきコーデかな？」
ムスメ「お母さん、準備が大切っていつも言ってるよね」

Day 49

卒業式コーデでまさかの大ピンチ

卒業式の朝、
スーツが入らなくて焦りました。
急きょ、インスタントコーデに。

鞄／COACH　アクセサリー／fog linen work
靴／GU　スカート／plein de vie　コート／UNIQLO
ブラウス／UNIQLO AND LEMAIRE　ジャケット／ZOOTIE

★★☆☆☆

よくこんなところで撮ったね。恥ずかしいよ。あと卒業式で、袖はまくらなくてもいいんじゃない。着くずさないでね。たいしておしゃれじゃないけど卒業式はこんなもんでしょう。

すごい度胸だね…

卒業式まで…

あっこたんの反省会

ジャケット、パツパツでびっくり。私「ねえ、パッツパツで行ってもいいかな?」ムスメ「まっ……お母さんが良ければ……」

良くないわ!!　大ピンチ!!　仕方ないからインスタントコーデだけど、ムスメがこれでいいって思ってくれたなら、それでいいわ。

Day 50

ムスメとショッピングの日

親子でランチをして渋谷でショッピングです。
このムスメ、よくそんなに買うもの思いつくわ。

アクセサリー／fog linen work　パンツ／GU　ニット／J.CREW
鞄／MARGARET HOWELL　コート／UNIQLO　靴／コンバース

★★★★★

**このニットは万能だよね。
スキニーも足細効果抜群。
特にこのニットと
スキニーの相性、
いい気がする。
白スニーカーと
白バッグで爽やかです。
なんか気分いいから
★5つにしちゃお!!**

毒舌ムスメが苦手な囚人ボーダー

欧米では、縦じまや横じまの囚人服が使われていたそうです。とっても目立つからだって。50代、ボーダーの目立ちすぎに要注意ってことですね。

なんか囚人ぽいわ

今日は、全体的にｶﾜ(・∀・)ｲｲ!! ね。Tシャツのインの仕方が中途半端じゃない？

出所しました

私がこのボーダー好きじゃないのお忘れですか？ 囚人服って言ったよね。この黒ボーダーはお母さんのイメージじゃないよ。

囚人系パート2だね

うん、悪くない。と言って、いいわけでもなく……半袖ボーダーね～、ちょっと面白いけど微妙？ 囚人系パート2だね。ラインがスッキリしていて細くは見えるよ。小物オール白系はgoodです。

シャバの空気は美味しい？

あっ、いいじゃん!! 若々しいけど、大人っぽい!! このボーダー可愛いね。囚人服に見えないし、おしゃれだよ。このコートに明るいデニムもあってる！

おつとめご苦労様です

まとまりはあるよ。これも囚人感強いけど！

Day **51**

今年のボーダーは無印ドロップショルダー

ボーダーニットはムスメに「美しくない!!」って
却下されたし、ボーダーTも「囚人服？」って酷評状態。
そこで、ムスメが「いいね〜」って言ってくれそうなボーダーTを
探して見つけたのが、今日の無印ボーダーTです。

アクセサリー／fog linen work　靴／GU
鞄／MARGARET HOWELL　パンツ／UNIQLO
コート／UNIQLO　Tシャツ／無印良品

★★★★☆

お〜〜〜これ！ いいじゃん。
悪くない。悪くない。
無印のボーダーいいじゃない。
早速買い替えましたか。
さすが!! 断然いいよ。
ちょうどいい感じの丈だわ。
今日のはカッコイイと思う。

反転色で着回し！

いい！いい！
Good!!

あっこたんの祝賀会

２枚もボーダー買って、正解だ〜!! このボーダー２枚をフルに着回す予定です。も〜やめて〜!! ってぐらい着るから、覚悟していてよ〜。

Day **52**

お花見散歩のウォーキングスタイル

白シャツにスキニーにスニーカーに
リュックのウォーキングスタイルだよ。

腕時計／Daniel Wellington　鞄／Enter　パンツ／GU
コート／UNIQLO　シャツ／ZARA　靴／ニューバランス

これ、チェックするの？
お寝坊さんの適当コーデ!!
これでいいやコーデだよね。
私もよくやるけど……。
チェックなんかできないよ。
チェック以前ピシー！

あっこたんの反省会

ヤッパリ言われちゃったか。手抜きすぎ？ だって、休みの日の近所のお散歩だからね〜。そんなに気合い入れたくないよ！
そんな日もある。許して頂戴よ。

大好きな服だけを着る

Day 53

白シャツにカーデを肩掛けして

初夏の風を感じて爽やかにいきたい日は
白シャツ×デニムに限る!! シンプル・イズ・ベスト！

白シャツ／ZARA　カーディガン／niko and...　デニム／UNIQLO
スニーカー／コンバース　バッグ／MUUN　腕時計／Daniel Wellington

★★★☆☆

**わっかわっかしいねーーー！
ファッションとしては
いいと思うけど……。
まぶしすぎる……。
色が明るすぎる……。
若々しすぎる……夏っぽすぎる。
……つまり……やりすぎ……。**

あっこたんの反省会

あっ……過ぎたるは猶及ばざるが如し。
そう言われて見ると、確かに目がチカチカするかも失礼しました……やりすぎオバサンだったみたい。気をつけるね。

Day 54

ワイドパンツで
足が長く見えちゃった日

私のウィークポイントをすっぽり包み隠してくれる
ありがたすぎるシルエット!!

腕時計／Daniel Wellington　Tシャツ／homspun　鞄／Spick & Span
コート／UNIQLO　パンツ／UNIQLO AND LEMAIRE　靴／無印良品

★★★★☆
お〜〜〜足長く見えますね〜。
なんかシンプルだけど
カッコイイなって思う!!
オシャンティーでモードだ〜。
ルメール的!! 時計もいいし、
やっぱりこのコート、万能!!
コートで大人っぽく
なってるよ。

あっこたんの祝賀会

私「ねえ、『オシャンティー』って死語じゃない?」
ムスメ「まだ使ってるの私ぐらいかな?」
私「え……やめとけ……」
　オシャンティーって……表現なんか嬉しくないかも? まあ、ワイドパンツが褒められて、良かった!!
　ついに、こんなモードなスタイルにもチャレンジするようになったよ。なんでも挑戦だね。

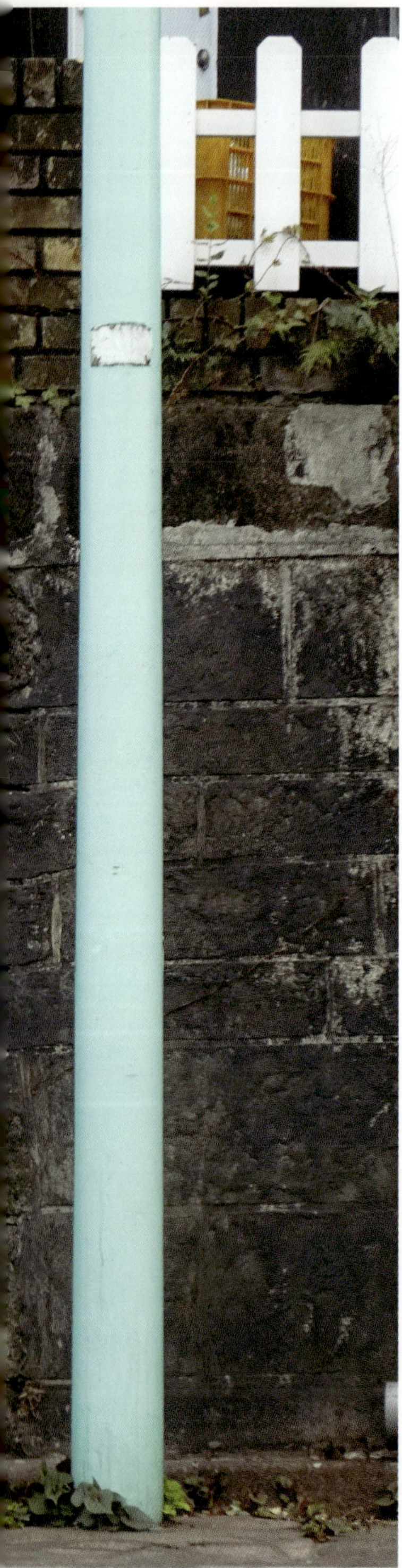

Day **55**

ムスメと
ムーニュバッグで
お買い物day

ボーダー×ジーンズ×スニーカーの超定番な
組みあわせのポイントはムーニュのかごバッグ。

腕時計／Daniel Wellington　鞄／MUUN　コート／RINEN
パンツ／UNIQLO　靴／コンバース　Tシャツ／無印良品

★★★★☆

う〜〜ん、可愛いね。
シンプルなのに、
スゴイいいよね。
色が全体的にまとまってる。
明るい色のジーンズ、
グッド!!
コンバースも
ハイカットで正解!!
シンプルだから、
かごが効くんだね。
いいんじゃな〜い。

Shopping Day

山本さんになれたかな？

気取ってるな〜大人っぽくて、可愛いよ。
山本さんな感じなファッションだね。

これは山本さんだ！ 乗り移っちゃったみたいだよ。今日は、教科書通りのコーデだと思います。大人な感じ！ かごバッグもハマってるね。

『毎朝、服に迷わない』の山本あきこさんに習え！

読んだだけで
翌日には効果が出ちゃうんだから、
読むっきゃないしょ！
おしゃれになりたかったら、
素直にプロの教えを
実行すべし！

私にもできるかも！

＊山本あきこ著
『毎朝、服に迷わない』
（ダイヤモンド社）

すべての技術は真似から始まる!!
徹底的に真似をして体に沁み込ませてから、
自分の味を出していくべし！

今日も山本さん入ってる感じ。シャツをだぼっと着てるのカッコイイよ。かごじゃなくてクラッチにして良かったね。

見たことないおしゃれ!! 見たようなおしゃれじゃないってところが、すごくいいよ！

ZARAZARA…

Day 56

ZARA率、高し。花柄パンツでご近所ランチの日

今日はお休みなので、
お友達とランチの予定です。
リラックスできて、
女らしいコーデになったかな。
デニムシャツ以外は
ほぼZARAコーデだよ。

帽子／CA4LA　シャツ／UNIQLO　鞄／ZARA
靴／ZARA　パンツ／ZARA

★☆☆☆☆

まさにZARAだね。
こんなにZARAZARA
しちゃいかんね。
全身ZARAはダメだよ。
1つぐらいにしときな。
サンダル……
トイレのスリッパみたい？
もう少しおしゃれなの探してね。

ZARAZARA…
ZARA ZARA ZARA

Day 57

大人のモノトーンコーデに挑戦！

ボーダーTと白ワイドパンツで大人モノトーンコーデ気分。

アクセサリー／ningulu-tutti　鞄／STYLE CRAFT　靴／ZARA　Tシャツ／ZARA
パンツ／ZARA　アクセサリー／ヴィンテージ

★★☆☆☆

うわっ！ オバサンが立ってる！
テロテロTにトイレのサンダルが
オバサン臭い!! 安っぽい!!
近所のコンビニまでが限界スタイル!!
いいところったら、
ウエストインしたとこぐらいじゃないの！
どうしたもんじゃの〜〜〜。

THIS!

Day 58

白シャツ×ジーンズ×カラーバッグであか抜けたい日

お気に入りの白デニムシャツにジーンズを履いて、シャツを前だけ軽くイン、超シンプルスタイルにライムグリーンのバッグを持つだけコーデだよ。

シャツ／UNIQLO　デニム／UNIQLO　パンプス／LAGRACE MART
バッグ／COACH　腕時計／Daniel Wellington

★★★☆☆

私は襟立てるの嫌いだよ。オバサンって襟立てるの好きだよね。バブル臭い。笑 コーデはシンプルでグッド!! バッグの色がアクセントになってグレートです!!

バブリーはやめますか…

うん、やめときな

あっこたんの反省会

カッコつけてる感じが嫌みたい!! ムスメの世代は襟立てないらしいよ。「オバサン、なんで襟立てるの?」って見ているんだね。でも、襟が少し立っていないと優等生的シャツ姿になっちゃって、なんだか地味な気がする……。

Day **59**

デニムオンデニム、
お腹いっぱいトリプルデニムの日

休日のデニムオンデニム、それもトリプルデニム！
全身デニムでゆるい印象なので
クラッチバッグでしめてみたよ。

腕時計／Daniel Wellington　ジャケット／H & M　シャツ／UNIQLO
パンツ／UNIQLO　鞄／ZARA　靴／コンバース

★★★★☆

すごい好きだよ。
おしゃれに見える。
若い子がするファッションだけど、
お母さんでもカッコイイよ。
デニムの色の違いが楽しいね。
クラッチバッグも
とってもいいと思う。

Good Clutch!

あっこたんの祝賀会

ここんとこ、調子いいぞ。洋服選びに芯ができて、迷わなくなってきたよ。これからも、どんどんチャレンジするね。

IN

OUT

or

Day 60

シャツワンピをロングカーデ風に着たオールGuday

トップスをインするのか？
アウトするのか？
迷いに迷って……
出したり入れたりして
撮ってみました。
インした方はスッキリしているし、
アウトの方はナチュラルな
リラックス感があるかな？

腕時計／Daniel Wellington　鞄／Enter
ワンピース／GU　パンツ／GU
Tシャツ／GU　靴／コンバース

★★★★☆

**私もこのコーデ真似したいわ。
ナチュラルで白がいっぱい!!
好感度高いよ。
靴やリュックが黒なのもいい!!
インとアウト問題、
絶対、インでしょう!!**

やるじゃーん！

OLYMPUS
E-M1

どう?
なかなかいいんでないの〜

再び、夏 SUMMER, Again

Day **61**

私の定番fogリネンTを ジョガーパンツにインして着た日

昨年までの私だったら、
パンツにウエストインは絶対しなかったけど……。
今年は絶対インします。だって、こんなに違うんだから!!
一気に垢抜けちゃうよ。

リネンT／fog linen work　Gジャン／H＆M　ジョガーパンツ／UNIQLO（メンズ）
パンプス／BRUNOMAGLI　トートバッグ／LLビーン
バングル／fog linen work
腕時計／Daniel Wellington

★★★★☆

あら、いい感じだわ。
涼し気で、色あいもいいし、
洗練されてる感じもあるよ。
ジョガーパンツの
ウエスト位置いいよ。
トップスは絶対インだよ。
前からずっと言っているでしょう!!
ついにわかったか？
絶対インだって!!
あと、パンプスが大人にしている。
パンプスが垢抜けポイントじゃない!!

WINNER

Day 62

真鍮アクセサリーを探しにデザインフェスタへ

シンプルにカーキリネンシャツにスキニージーンズ。
ポイントはウエストインです。

腕時計／Daniel Wellington　アクセサリー／fog linen work
靴／GU　鞄／L.L.Bean　パンツ／UNIQLO　シャツ／UNIQLO

★★★★☆

スマートで見た瞬間に
カジュアル
カッコイイって思った！
シンプルだけど、
鎖骨を見せて
女性らしくてキレイ！
パンプスもグッドです。
バッグもあってるよ。

あっこたんの祝賀会

ムスメはずっと前から、「トップスをインしろ！」って言い続けていました。だけど今までは、抵抗があってできなかったのよ〜。素直にアドバイスに従うべきだったね。

インは素晴らしい！　通勤で見る同世代の皆さんは、100%近く、トップスをアウトしています。

ちょっとだけインしたら、スタイルがよく見えるのに……もったいない!!

Day 63

オールGUコーデに なっちゃった

あれ、アイテムを書き出してビックリ！
オールGUだよ。
まずいな……またムスメに安すぎ!! って叱られそう。

Tシャツ／GU　パンツ／GU　靴／GU
パーカー／GU　鞄／L.L.Bean　アクセサリー／ningulu-tutti

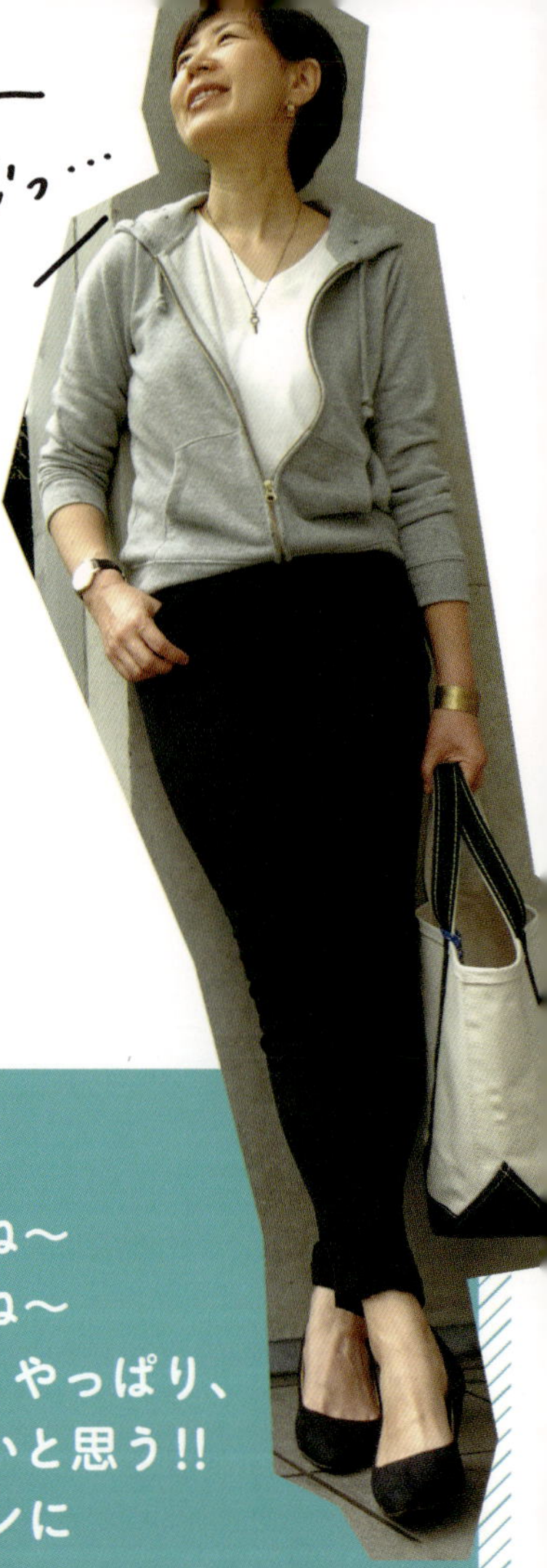

★★★☆☆
**そうだね〜
そうだね〜
これは、やっぱり、
おかしいと思う!!
オバサンに
パーカーはな〜？
アクセとかパンプスで
頑張ってるけど……。
やっぱり、
パーカーじゃなくても
いいんじゃない？
でも、頑張ってるから★3。**

あっこたんの反省会

「それって、痛いってこと?」「いや、痛くはない……けど……頑張ってる感じ。お疲れ!!」
頑張ってる感じって!! ファッションに頑張ってる感じは、出したくないな〜。

Day 64

定番ホームスパン白Tと
デニムワイドパンツの日

ウエストインして今っぽくなるよ。
シンプルスタイルなので華奢なピアスとネックレスをアクセントにしてみました。

Tシャツ／homspun　鞄／L.L.Bean　靴／LAGRACE MART　アクセサリー／ningulu-tutti
パンツ／UNIQLO　アクセサリー／ヴィンテージ

★★★☆☆
あ〜〜シンプルだね。
手抜き!! 手抜き!!
手抜きだよ!!
このパンツ、
お母さんのパンツの中で、
尻デカ最強!!
そこんとこ微妙だけど……。
不思議とおしゃれな
雰囲気は漂ってるよ。
手抜き感はあるけどね……。

Day 65

UNIQLOストレッチパンツの日

キレイ目なオフィスで浮かない大人のパンツが欲しいってことで、
ユニクロのパンツを端から端まで徹底的に試着してみたよ。
私史上最強かも？ ラインがキレイ！

鞄／L.L.Bean　アクセサリー／ningulu-tutti　アクセサリー／R-days
シャツ／UNIQLO　パンツ／UNIQLO　靴／コンバース

補正前

★★★☆☆

**ウエストイン、慣れてきたね。襟元を
開けているほうがエレガント!! パンツの裾
折ってるのイマイチかな？ アンクル丈に直したら〜。**

Day 66

アンクル丈に再々補正した
ストレッチパンツだよ

こだわりを持ってお直ししたよ。

靴／GU　アクセサリー／JUICYROCK　鞄／L.L.Bean　アクセサリー／ningulu-tutti
パンツ／UNIQLO　シャツ／UNIQLO

★★★★☆

**パンツ、カットしたほうが断然いいよ!!
スッキリしたね。シンプルイズベスト!!**

補正後！

あっこたんの祝賀会

やった〜！ 再々補正、大成功だったみたい。今まで、パンツ丈に無頓着でした。店員さんの見立てで一般的な長さにカットしてもらうことになんの疑問も持ってこなかったけど、美しく見えることにこだわりを持って、何度もお直しをするようになった自分の変化にビックリです。

　シンプルな服を選んで、自分らしく美しく着る工夫をする。おしゃれってそういうことだよね。とってもおしゃれになった気分です。

Day **67**

アクセサリーで いつもの服を 格上げしたい日

あれ、昨日と同じ格好じゃない？ そうです。
パンツが黒になってパンプスになっただけです。
そして、アクセサリーにもこだわってみたよ。

アクセサリー／JUICYROCK　鞄／L.L.Bean　アクセサリー／ningulu-tutti
シャツ／UNIQLO　パンツ／UNIQLO　靴／コンバース

★★★☆☆

ちょっとジャラジャラ 盛りすぎじゃない？ 私がこんなふうに アクセつけたら、お母さん、 絶対「つけすぎ!!」って言うよ。 前言われて、 確かにって思ったもん。 ネックレスは いらないんじゃない？

あっこたんの反省会

そんなに怖い？　嘘でしょう!!
私は、このぐらいはOKだと思うな。
統一感もあるから、ぜんぜん大丈夫だよ。

Day 68

ペンシルスカートを履いちゃった日

ついにペンシルスカートに手を出しちゃったよ。
山本あきこさんが「大人のセクシーを引き出すアイテム」って言っています。

腕時計／Daniel Wellington　靴／GU　鞄／L.L.Bean　アクセサリー／R-days
ブラウス／UNIQLO　スカート／UNIQLO×Carine Roitfeld

★★★☆☆
おっ、久しぶりのスカートだ。
コンサバ苦手だけど、このスカートならいいかな？
なんだろ？ やせた？ なんか足キレイね。
写真が上手くなったから？
不思議じゃの〜お腹も引っ込んで見えるね。

Day 69

グレージュパンプスで スカートをレディに履く日

パンプスがあれば新しいスカートスタイルに挑戦できそうな予感。

とろみシャツ／UNIQLO　スカート／fog linen work　パンプス／GU
バッグ／MHL.　ピアス／R-days　バングル／fog linen work

★★★★☆
ハイウエストで履いているからスカートの
広がりがキレイ!! 前から持ってる
スカートだっけ？ 違うスカートみたいだよ。
丈もちょうどいいし、スカートなのに
足が太く見えないのが、ビックリ!!
白バッグ、グッドです。

ヒラヒラ

Day 70

ギンガムチェックシャツの月曜日

今日はNHK『あさイチ』のイノッチもギンガムシャツ！

腕時計／Daniel Wellington　靴／GU　鞄／MARGARET HOWELL
アクセサリー／R-days　パンツ／UNIQLO　シャツ／無印良品

★★★★☆

**シンプルなコーデだけど
ギンガムチェックが効いているのと
パンツの丈、グッド◎
チェックで夏らしい感じが出てるね。
チェックの可愛らしい感じと
パンツとパンプスのカッコよさが
相まって、いいと思います。
ポーズも決まってますね。**

あっこたんの祝賀会

おやまあ、めずらしく優しい評価じゃない？

　いつも写真をLINEで送ってチェックしてもらっているんだけど、ムスメは、大学の実習で疲れたらしく、夜遅くに送ってきました。お疲れで、甘い評価になったのかも？

　毒舌飛ばしてくれないとつまんないよね。元気だせ！　わがムスメ！

カワイイよー！

大好き、山パン！

実はこのチノパンは登山用パンツです。
私の趣味は登山だからね。
最近はご無沙汰してるけれど……
ひとりで黙々と登るのが大好きなのよ。
登山用のパンツだから暖かいよ。

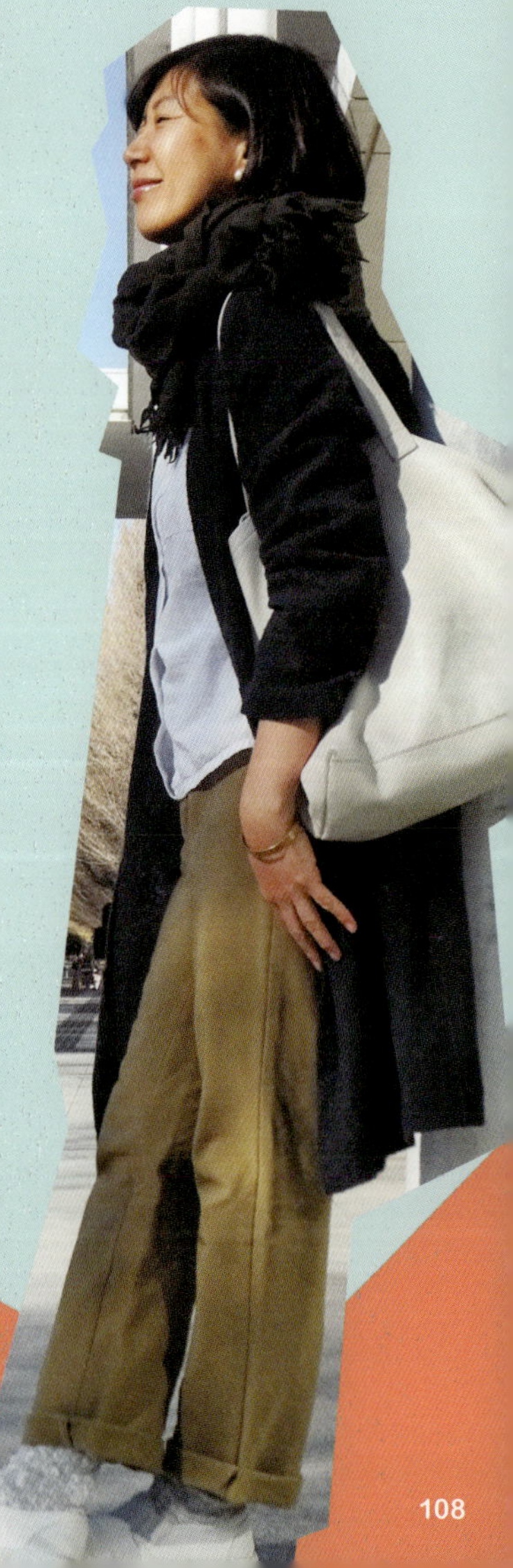

Winter

ロールアップ、グッド！

Summer

お持ちの山パン、
山だけじゃもったいない。
ロールアップして
街でも履いてみてくださいな！

白×カーキの
色味も好き。

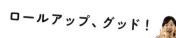

ジョガーパンツで家から出よう

「これ着てどこまでOK？ 近所のお散歩？」

「マンションのゴミ出しまでだな」

マンションから一歩も出るなってよ。

あ〜、聞いてみて良かった。

これ着て電車で仕事に行くとこだったよ。

危ない危ない！

若者は黒のジョガーパンツでコーデしてるね。

色を黒にすれば、素敵になるかも？


これ着て電車？

ダメでしょう！

ジョガーパンツのグレーは危険です。

今日の格好なら
どこまでも！
電車もOKです！

電車OKだって！電車OKだって！
電車OKだって！

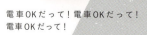

どんどん街へ行きましょう!

白シャツは万能だねえ

シンプルを意識して、白と
カーキでまとめてみたよ。

Day 71

青空と白シャツとジーンズで爽快な日

倉敷の国産ジーンズに憧れて買ったジーンズ!!
ノンストレッチのしっかりしたデニムで
丁寧に作られているよ。
大人のジーンズだ！ って思っています。

靴／GU　パンツ／KAPITAL　鞄／L.L.Bean　アクセサリー／ningulu-tutti
アクセサリー／R -days　シャツ／UNIQLO

★★★★☆
**爽やかだ～、シンプルですね～。
白シャツにジーンズは定番だから、
新鮮味は薄いけど、
パンプスでキレイだし、
足首もグッド!! いい感じ!!
ただし……このジーンズ、
お尻が大きく見えるかな？
スキニー履いてよ～。**

Freshing

あっこたんの祝賀会

このジーンズを履くと、ムスメは必ずスキニーって言うんだよね。そりゃあ、ムスメ世代みたいにスタイルが良ければ、スキニーもいいけど……。

50代でスキニーが似合うのって少数派じゃない？ パッツパツになっちゃうよ。ムチムチは痛々しいもんね。これぐらいで勘弁してほしいわ。

Day 72

無印のテーパードボーイフレンドを履いてみた日

ムスメは「スキニー!!」って、毎度うるさいけど……大人が無理してパツパツは見苦しいもんね。

大人のデニムはやっぱり、ボーイフレンドでしょう!!

ゆるっとしたボーイフレンドだけど、
膝下が細くなっているテーパードタイプだから、スッキリします。色落ち加減もいい感じ!

なにより、履いていて安心感があるのがいいよ。

靴/&Y　腕時計/Daniel Wellington　アクセサリー/R-days
鞄/ZARA　パンツ/無印良品　シャツ/無印良品

★★★☆☆
こんなジーンズ持ってたっけ?
カッコイイよ。これはイイ!!
だけど、だけど……。
このしましま、オバサン臭いな。
オバサンイメージ濃厚だよ。
例えば、部分的にしましまなら
いいんじゃないかな?
せっかくジーンズカッコいいのに、
もったいない感じだよ。

あっこたんの反省会

あっちゃ〜、しましまヤバそう?って思いつつ、オバサンだからね。

でも、このジーンズはOKなんだね。スキニーって言わなかったよ。18歳のOK出ました!

Day 73

節目の今日は、私らしく白シャツとジーンズで

６年間勤めた仕事に
区切りをつけることにしました。
昨日までは、大丈夫だったけど
夜、みんなにお手紙を書いて……。
今朝になったら、無性に寂しくなったよ。
そんな人生の節目の今日、
私らしいコーデにしたいぞ！

靴／GU　パンツ／KAPITAL　鞄／L.L.Bean
アクセサリー／R-days　シャツ／ZARA

私も卒業…

★★★★☆

シンプルで普通な感じだけど、
すごく爽やかに見えるわ〜。
白シャツの襟の開きが
ちょうどいい感じだね。
鎖骨が見えて、女性らしい!!
あと、ジーンズの色、
この色にして正解!!
キレイ目になってる。

おつかれさま！

Day 74

リネンワンピを『ナチュリラ』風に着てみた日

仕事を辞めて初めての日曜日。今日の気分にあう服はユルユルのリネンワンピで『ナチュリラ』風に挑戦！

ワンピース／fog linen work　パンツ／GU　鞄／MARGARET HOWELL
サンダル／BIRKENSTOCK　ピアス／R-days

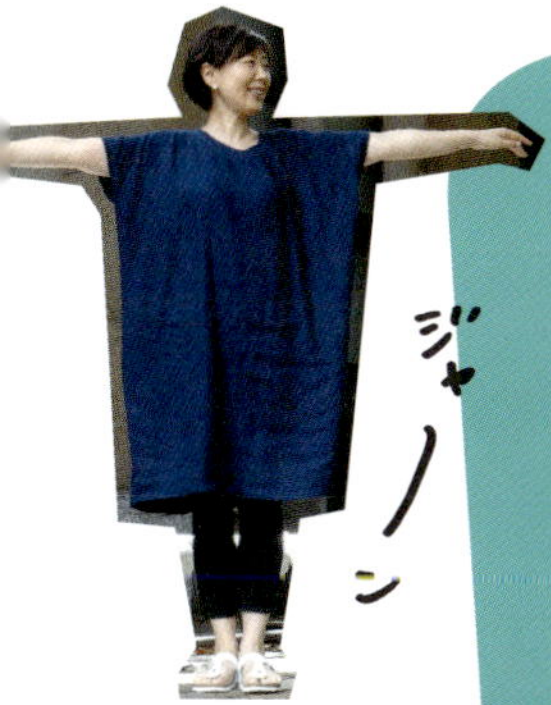

★★★☆☆

このスキニーなんか変!!
丈とロールアップが微妙じゃない？
えっ？ 雑誌を参考にしたの？
よく見てみなよ。
もっとユルイパンツをあわせているでしょう!!
ピチピチスパッツみたいで、オバサン臭い!!
ナチュラル系ビギナー努力賞だな。

Day 75

リベンジして『ナチュリラ』に

このコーデなら、かなりエレガントになるよね。

ワンピース／fog linen work　パンツ／UNIQLO　靴／コンバース
鞄／ENTER　ピアス／ヴィンテージ　ネックレス／ヴィンテージ

★★★★☆

爽やかじゃん。好きだな!!
ナチュリラっぽい。新しい感じ!!
リュックにスニーカーもいい。
帽子もいいわ。Good job!

私の休日白T選手権

1 GUのVネック

2 ホームスパンのフレンチスリーブ

3 ホームスパンの定番

1番は安いので、ちょっと生地が薄いんだな～。2番、3番のホームスパンは真っ白だし、生地的には申し分ないけどVネックじゃないわけで。一長一短ですよ。

お父さんはどれが好き？

Vネック好き

俺にも言わせて！

2番かな。

生地がいいのが写真でもわかるよ。1番はオヤジがスイカ食ってるの思い出した。

「白T選手権」その後

Tシャツ、しっかりして見えるよ。ぜんぜん、いい!!
あと、このジーンズ太く見える。
えっ!! スキニーなの? もうどうにもならないな……。

私の大好物は、
スイカなの

niko and...の白Tを着てみました。

Day 76

プロデューサー巻とロングパールの看板

ロングパールをカジュアルに使う日。

セーター／UNIQLO　カーディガン／GU　ベルト／UNIQLO
パンツ／ALL ORDINARIES　鞄／ateliers PENELOPE
靴／CASTANER　ピアス／R-days

★★★☆☆

なんかつけすぎ感あるね。
パーマン巻、暑苦しいかな？
まあ、太い腕隠せるんだな。
プロデューサー巻とロングパールは、
「おしゃれです。私!!」って
看板しょってる感じだよ。なんか嫌味！
そんなに頑張らなくても……ねっ。
いつものナチュラルがいいよ。

直ちに看板おろさなきゃ！

Day 77

バレエ鑑賞の
イタリアンマダムの日

毎年ワンピースを着てきたけど、
今年の私はひと味違うぞ!!

シャツ／UNIQLO AND LEMAIRE　パンツ／MARALLA
靴　REZOY　鞄／ZARA　ピアス／ヴィンテージ　バングル／ningulu-tutti

年に一度レベルの
おしゃれな日!

★★★★☆
好き好き!! カッコイイよ。
シルクシャツが
上品でモードだ!!
ボタン全部留めたの大正解。
髪型にもマッチしている。
バングルもハマってる。
★5あげたいけど、
サンダルがイマイチだから
減点ね。
それ以外はバッチグー。
いつも、こんなカッコイイ
お母さんだと嬉しいな〜。

Best of OSHARE!!

久しぶりのリュックだ。オジ靴履いただけで、カッコよくなるね。ボーイッシュにまとまってるよ。いいんちゃう!! オジ靴のお陰で可愛くなってるよ。オジ靴!! すべて!! サンダルだったら、減点だね。

『FUDGE』をお手本コーデ

こりゃあ可愛いわ！
50代でもいけるか？ 実験だぞ。

＊『FUDGE』8月号（三栄書房）

Jump!
Jump!

これも可愛いっ
アレンジもしていきたいわ!
FUDGE

お母さん、
どんどん若々しくなるね。

ついにやったんだ。
あっこたんが若々しく見える。
いろんな意味が入っているけど、
似合ってはいるよ。
ヘアスタイルと
ファッションがあってきた。
この髪型!! おしゃれだよ。

ムスメは髪型とのバランスが良くなったことを褒めてくれました。「お母さん、おしゃれになったよ〜」ってしみじみと言ってくれて、嬉しかったよ。

うれしいな

お母さん
本当におしゃれに
なったよね

ムスメからの言葉

本人に言うのは照れくさいので、この場を借りて伝えたいと思います。

とにかく思い立ったら一直線。と思ったら、1か月もしないうち飽きてしまう。そんな母があんなことを言い出してからもう2年が経つなんて、今でも信じられません。母がコーデをチェックして欲しいと言ってきた時は、正直仕方なく協力したのを覚えています。面倒くさいし、何しろ本当におしゃれじゃなかったし（笑）。でもきっとすぐ飽きちゃうだろう。こんなことはすぐに終わるだろうと、私は考えていました。

しかし、母の執念は私が考えていた以上に大きかったのだと実感しました。最初はひどすぎて何も言えなかったコーデばかりだったのに、母は私のアドバイスを聞き、雑誌で勉強をし、わかりやすいほどに変化をしていきました。最近に至っては、良くて何も言えないということが増えてきました。

母がバレエの発表会のお手伝いに来てくれた日のことでした。

「お母さん若返った？」とか「何かが変わった」など、数人の人にわざわざ声をかけてもらって言われました。

照れくさいながら、私は自分のことのように嬉しかったです。母の頑張る姿を毎日見てきて、いつもそばでけなしながらも応援してきたのだから。

　母は本当に昔から飽きっぽく、何をするにも続かない人でした。そんな母を輝かせてくれたファッションというものに私はすごく感謝しています。そして今もよりいっそう輝いていく母を厳しくも楽しく応援していけたらと思います。

　お母さん、私の毎日に楽しい日課を与えてくれてありがとう。

　最初はめんどくさいと思っていたけど、お母さんが変わっていく様子を見て、コーデチェックは私の楽しみへと変わっていきました。

　そんなお母さんを尊敬しているし、大好きです。これからも走り続けるお母さんをびしばし厳しく、楽しく支えていこうと思うのです。以上。

あとがき

ムスメが求めるおしゃれは、本物のおしゃれでした。

女らしさ、格好良さ、優しさ、健康的な身体、姿勢など毒舌に込められたハイレベルな要求は、ムスメの理想の母親像なのかもしれません。ボーダーが嫌いなのは平凡ではなく、個性的であって欲しいから。パーカーが嫌いなのは若作りではなく、大人な女性であって欲しいから。襟を立てるのが嫌いなのは格好つけではなく、自然体であって欲しいから。

ムスメとバトルすること2年。

「お母さんカッコイイ」「なんか悔しい」

ムスメの口からそんな言葉が出るようになりました。

「去年、似あわなかった服が似あうようになったのは自信のせいだよ」

そうかもしれない。

笑顔でいられる時間が増えたような気がします。ご機嫌な母と暮らせば、家族だってハッピーになる。私がおしゃれをするようになって、ムスメも旦那さんも嬉しそうです。隣の人が心地良いと思ってくれるおしゃれこそ、本物のおしゃれ！

本物のおしゃれを探して、ムスメと歩いていこうと思っています。

いつもブログをご覧いただいている読者の皆さん。ついに本になったよ。私の自慢はブログを通じて全国に沢山の友達ができたこと。みんな〜、ありがとう！

編集者の宮﨑さん、デザイナーの仲島さん、カメラマンの片桐さん、お世話になりました。

応援してくれた旦那さん、そして、どんなに忙しくても毎日チェックしてくれたムスメ、本当に感謝です。

あっこたん（金子敦子）

1962年北海道生まれ。夫とムスメ（春）の3人暮らし。38歳から看護師をめざし、小児科勤務歴10年。日々の着こなしを自撮りで紹介するブログ『♪命短し恋せよ乙女★50代の毎日コーデ』（http://plaza.rakuten.co.jp/avare/）が話題に。
なお、ムスメの春は大学1年生。ブログに毒舌辛口ムスメとして登場。母のファッションを毎日厳しくチェックしている。毒舌は、実は母譲り。

写真 片桐 圭　　デザイン 仲島綾乃

お母さん、その服なんとかしよ！

毒舌ムスメのファッションチェック

2016年12月5日　第1刷発行

著者 あっこたん

発行者 土井尚道

発行所 株式会社 飛鳥新社
〒101-0003 東京都千代田区一ツ橋2-4-3 光文恒産ビル
tel（営業）03-3263-7770（編集）03-3263-7773
http://www.asukashinsha.co.jp

印刷・製本 中央精版印刷 株式会社

ISBN 978-4-86410-519-4

編集担当 宮﨑 綾